Susan Hayward
Das kleine Buch der Weisheiten

Susan Hayward

Das kleine Buch der Weisheiten

Aus dem Englischen von
Peter Kobbe

Knaur
MensSana

Die englische Originalausgabe erschien unter dem Titel
»A Guide for the Advanced Soul: A Book of Insight« bei In-Tune Books, Avalon

Die Folie des Schutzumschlags sowie die Einschweißfolie
sind PE-Folien und biologisch abbaubar.
Dieses Buch wurde auf chlor- und säurefreiem Papier gedruckt.

Besuchen Sie uns im Internet:
www.droemer-weltbild.de

Copyright © 1997 der deutschsprachigen Ausgabe
Droemersche Verlagsanstalt Th. Knaur Nachf., München
Copyright © 1984 Susan Hayward
Alle Rechte vorbehalten. Das Werk darf – auch teilweise –
nur mit Genehmigung des Verlags wiedergegeben werden.
Umschlaggestaltung: ZERO Werbeagentur, München
Umschlagfoto: Photonica, Hamburg
Satz: Ventura Publisher im Verlag
Druck und Bindung: Franz Spiegel Buch, Ulm
Printed in Germany
ISBN 3-426-66642-1

2 4 5 3 1

Inhalt

Zum Gebrauch dieses Ratgebers 7

Ein Brief an Dich 9

Die Worte der Weisheit 11

Danksagung 207

Anmerkungen zur deutschen Übersetzung 213

Zum Gebrauch dieses Ratgebers

Sie haben ein Problem oder benötigen eine Orientierung, die Ihnen hilft, eine Entscheidung zu treffen. Machen Sie sich dies klar und deutlich bewußt. Meditieren Sie darüber, so daß der Geist allmählich in Stille übergeht. Das ermöglicht es Ihnen, Ihre unterbewußten und intuitiven Kräfte zu mobilisieren und reaktionsbereit zu machen.
Rücken Sie jetzt Ihr Anliegen in den Vordergrund, und schlagen Sie dabei aufs Geratewohl das Buch auf. Die ersten Worte, die Sie lesen, werden Ihnen mitteilen, was Sie am dringendsten erfahren müssen.
Natürlich ist es Ihre Deutung des jeweiligen Ausspruchs, durch die Sie Ihre Antwort erhalten. Seien Sie offen für das, was Sie lesen: Deuten Sie es objektiv, ohne Ihre Wünsche darauf zu projizieren. Der Wert der Lektüre wird davon abhängen, inwieweit Sie bereit sind, sich in der jeweils angezeigten Richtung zu verändern. Wenn Sie sich den Mächten, die Ihr Leben lenken, widersetzen, erzeugen Sie zwangsläufig Disharmonie in sich.
Zu wissen, daß Sie Ihre persönliche Wirklichkeit hervorbringen, ist äußerst bedeutsam, denn dann verstehen Sie, daß alle äußeren Umstände, Vorkommnisse und Erfahrungen in der Welt aus dem Mittelpunkt Ihres Seins fließen und eine lebendige Rückkoppelung erzeugen.
Was in diesem Buch geschrieben steht, wird Ihnen all das mitteilen, was Sie unbedingt wissen müssen. In diesem Moment spiegeln Sie das Universum wider, in dem alle Dinge und Vorkomm-

nisse gleichzeitig existieren und Vergangenheit, Gegenwart und Zukunft nebeneinanderstehen, und Sie enthalten die Möglichkeiten der ganzen Welt in sich. Ihre innere Orientierung ist hier zugegen, um von Ihrer eigenen Wirklichkeit ausgehend für Sie wirksam zu werden.

Ein Brief an Dich

Lieber Freund, liebe Freundin!

Ich habe dieses Buch zusammengestellt, damit Du darin nachschlagen kannst, wenn Du mit Problemen konfrontiert bist. Es ist eine Sammlung schöner Worte der Weisheit, die Dir Orientierung geben und Dich inspirieren werden.
Sieh Dich selbst als Bestandteil des niemals endenden Zyklus der Wandlung im Universum, und dieses Buch wird diese Wandlung für Dich widerspiegeln. Alles im Universum schließt sich ständig zusammen und löst sich ständig auf – dies bewirkt Transformation und Wachstum. Deine Probleme werden durch Deinen Widerstand gegen die naturgegebene zyklische Bewegung des Lebens hervorgerufen.
Wenn Du diesen Ratgeber an irgendeiner Stelle aufschlägst, richtest Du Dich an das Universum, und es antwortet Dir auf Deine Frage, die Du dann intuitiv auslegst. Betrachte Deine Probleme als Gelegenheiten, zu lernen und etwas Neues zu schaffen, und Du wirst ein Gefühl des Wohlbefindens verspüren, das von dem in Deinem Bewußtsein erfolgten Wandel herrührt. Wisse, daß uns nur Lehren zuteil werden, wenn wir bereit dazu sind.
Verlasse Dich vor allem auf Deine eigene Richtung. Ich hoffe, daß Dir dieser Ratgeber das Zutrauen gibt, Deinem Pfad zu folgen und Dich der inneren intuitiven Stimme anheimzugeben, die klar die schon immer vorhandene Harmonie und Ganzheit erkennt.
Ich hoffe auch, daß dies zu dem wachsenden neuen Bewußtsein

und dem gesellschaftlichen Wandel beiträgt, die überall auf der Welt stattfinden und die alle Menschen zu Einem verbinden werden.

In Liebe,
Susan

Die Worte der Weisheit

Die Ziffern beziehen sich
auf die Anmerkungen
zur deutschen Übersetzung
ab Seite 213

Leben ist der Film,
den du mit deinen eigenen,
einzigartigen Augen
siehst.

Es fällt kaum ins Gewicht,
was da draußen vor sich geht.

Wie du es aufnimmst – das zählt.

Denis Waitley
Der Vorteil des Gewinners[1]

Stelle deine Sichtweisen hoch ein,
je höher, desto besser.

Erwarte, daß die wundervollsten Dinge
geschehen, nicht in der Zukunft,
sondern eben jetzt.

Begreife, daß nichts zu vortrefflich ist.

Laß dich von gar nichts
in irgendeiner Weise
behindern
oder aufhalten.

Eileen Caddy
Spuren auf dem Weg zum Licht

Dein Drama klar zu erfassen
bedeutet,
daß du davon befreit wirst.

Ken Keyes jr.
Das Handbuch zum höheren Bewußtsein

Der Mensch ist ein einmaliges Wesen.

Einzigartig
und unwiederholbar.

Johannes Paul ll.

Hab keine Angst,
dich ins Unbekannte hinein
zu bewegen.
Schreite forsch und furchtlos aus,
im Bewußtsein, daß ich bei dir bin.
Daher kann dir kein Leid widerfahren.
Alles steht zum Besten.

Tu dies in rückhaltlosem Glauben
und Vertrauen.

Eileen Caddy
Spuren auf dem Weg zum Licht

Das Leben ist eine Abfolge
natürlicher
und spontaner
Wandlungen.

Wehre dich nicht gegen sie –
das schafft nur Kummer.

Laß die Wirklichkeit Wirklichkeit sein.

Laß die Dinge natürlich vorwärts fließen,
und zwar ganz so, wie es
ihnen gefällt.

Lao-Tzu[2]

Erfahrung
wird durch dich selbst bestimmt –

nicht durch die Umstände
deines Lebens.

Gita Bellin

Wenn du das Gefühl hast,
daß du ans Ende gelangt bist
und daß du keinen Schritt mehr
weitergehen kannst,
wenn das Leben ohne jeden Zweck
oder Sinn zu sein scheint:

Was für eine wundervolle Gelegenheit,
ganz von vorn zu beginnen,
eine neue Seite aufzublättern.

Eileen Caddy
Spuren auf dem Weg zum Licht

Willst du dich entdecken,
so denke selbst, in eigener Sache.

Sokrates

Ein Baum, den ein Mann mit beiden Armen
umfassen kann,
erwächst aus einem zarten Sproß.

Ein neun Stockwerke hoher Turm
ersteht aus ein paar Trögen Erde.

Eine Reise von tausend Meilen
beginnt unter dem Antritt eines Fußes.

Lao-Tzu[3]

Schreitet vorwärts
mit festem, stetigem Schritt,
und seid dabei innerlich gewahr
mit tiefer, sicherer Gewißheit,
daß ihr jedes Ziel erreichen werdet,
welches ihr euch setzt,
daß ihr alles Geplante erlangen werdet.

Eileen Caddy
Spuren auf dem Weg zum Licht

Wenn du deine eigene Rechtmäßigkeit
im Universum bekräftigst,
dann arbeitest du mit anderen mühelos
und wie von selbst zusammen,
weil dies zu deinem eigenen Wesen gehört.

Du, der du du selbst bist,
hilf anderen dabei,
sie selbst zu sein.

Weil du deine eigene Einzigartigkeit
klar erkennst,
wirst du es nicht nötig haben,
andere zu beherrschen
noch vor ihnen zu kriechen.

Jane Roberts
Die Natur der persönlichen Realität

Inneren Frieden
können wir nur erlangen,
wenn wir Vergebung üben.

Vergebung
ist das Loslassen der Vergangenheit
und ist daher
das Mittel zur Berichtigung
unserer irrigen Vorstellungen.

Gerald G. Jampolsky
Lieben heißt die Angst verlieren

Scheue dich nie,
den Pfad allein zu beschreiten.

Wisse, welcher Pfad der deine ist,
und folge ihm, wohin auch immer
er dich führen mag.

Hab nicht das Gefühl, du müßtest
in die Fußstapfen von jemand anderem
treten.

Eileen Caddy
Spuren auf dem Weg zum Licht

Das Unmögliche ist möglich,
wenn die Menschen mit dir
eine gerade Linie bilden.

Wenn du Dinge mit den Menschen tust
und nicht gegen sie,
werden die erstaunlichen Hilfsquellen
des innewohnenden höheren Selbst
mobilisiert.

Gita Bellin

Sei innerlich offen für
dein Glücksgefühl
und deine Traurigkeit,
während sie aufsteigen und sich regen.

John und Lyn St. Clair-Thomas
Blicke des Betrachters

Lebe
und arbeite,
aber vergiß nicht zu spielen,
dich im Leben zu amüsieren
und es wirklich zu genießen.

Eileen Caddy
Morgen der Veränderung

Allein die Liebe kann die Lebewesen
vereinen
und sie so vervollständigen und
ganz verwirklichen ...
denn sie allein verbindet sie
durch das, was in ihnen selbst
das Tiefste, Innigste ist.

Alles, was wir brauchen,
ist die aktive Vergegenwärtigung,
daß sich unsere Fähigkeit zu lieben
entwickelt,
bis sie die Gesamtheit der Menschen
und der Erde umschließt.

Teilhard de Chardin

Ganz gleich, wie viele heilige Worte
du liest,
ganz gleich, wie viele du sprichst –
was für einen Wert haben sie für dich,
wenn du nicht nach ihnen handelst?

Der Dhammapada[4]

Verweile nicht bei der Vergangenheit.
Benutze sie, um einen Punkt
zu veranschaulichen,
und lasse sie dann hinter dir.
Nichts ist wirklich von Bedeutung,
ausgenommen das, was du jetzt
in ebendiesem Augenblick tust.

Von diesem Moment an
kannst du ein vollkommen anderer
Mensch sein,
voller Liebe und Verständnis,
bereit mit ausgestreckter Hand,
positiv und innerlich gehoben
bei allem Denken und Tun.

Eileen Caddy
Gott sprach zu mir

Bis man sich festgelegt hat, herrscht Unschlüssigkeit vor, die Möglichkeit, einen Rückzieher zu machen, und in jedem Fall Wirkungslosigkeit. Hinsichtlich aller von Unternehmungsgeist (und schöpferischem Impetus) getragenen Handlungen gibt es eine grundlegende Wahrheit, wegen deren Nichtberücksichtigung zahllose Ideen und großartige Pläne zum Scheitern verurteilt sind: daß in dem Moment, wo man sich endgültig festlegt, auch die Vorsehung aktiv wird.

Alle möglichen Dinge, die sonst nie geschehen wären, passieren um einem behilflich zu sein. Ein ganzer Strom von Ereignissen fließt aus der Entscheidung und zeitigt zugunsten der Person, die sich festgelegt hat, alle Arten unvorhergesehener Vorfälle und Begegnungen und materieller Unterstützung, welche sie sich in ihren kühnsten Erwartungen nie hätte träumen lassen.

W. H. Murray
Schottische Himalajaexpedition

… Und keinen Tag soll man verpassen.
Das Mögliche soll der Entschluß
Beherzt sogleich
beim Schopfe fassen.

Er will es dann nicht fahren lassen
Und wirket weiter, weil er muß.

Goethe
Faust 1

Alles, was wir
sehen oder
zu sein scheinen,
ist bloß ein Traum
in einem Traum.

Edgar Allan Poe

Das Gestern
ist bloß die Erinnerung von heute,
und
Das Morgen
ist der Traum von heute.

Khalil Gibran
Der Prophet

Wir sind, was wir denken.
Alles, was wir sind,
entsteht mit unseren Gedanken.
Mit unseren Gedanken erschaffen wir
die Welt.

Sprich und handle mit lauterem Geist,
und Glück wird dir nachfolgen
wie dein Schatten,
der nie weicht.

Der Dhammapada[5]

Eine Seele ohne
hohes Ziel
ist wie ein Schiff
ohne Steuerruder.

Eileen Caddy
Morgen der Veränderung

Es ist gut, wenn man als Reisender
einen Endpunkt hat,
den man ansteuern kann,
aber die Reise ist es,
auf die es letzten Endes ankommt.

Ursula le Guin
Die linke Hand der Finsternis

Hört auf zu versuchen,
alles gedanklich auszuarbeiten,
das bringt euch nirgendwohin.

Lebt aus der Intuition
und Inspiration,
und laßt euer ganzes Leben
eine Offenbarung sein.

Eileen Caddy
Spuren auf dem Weg zum Licht

Die Schicksalsmächte leiten
den, der will –

den, der nicht will,
zerren sie.

Seneca

Beschränke dich
auf
das
Gegenwärtige.

Mark Aurel[6]

Suche stets
nach der Antwort im Innern.

Laß dich nicht beeinflussen
von jenen, die um dich sind,
nicht von ihren Gedanken,
nicht von ihren Worten.

Eileen Caddy
Gott sprach zu mir

Man entdeckt keine neuen Weltteile,
ohne den Mut zu haben,
alle Küsten aus den Augen
zu verlieren.

André Gide

Ich erwarte nichts von anderen,
darum können ihre Handlungen
nicht im Gegensatz zu meinen
eigenen Wünschen stehen.

Swami Sri Yukteswar

Deine Fragen
deuten auf die Tiefe
deines Glaubens hin.

Schau dir die Tiefe
deiner Fragen an.

John und Lyn St. Clair-Thomas
Blicke des Betrachters

Das Geheimnis, tatsächlich zu bewirken,
daß in eurem Leben etwas funktioniert,
besteht vor allen Dingen
in dem tiefen Verlangen,
das Funktionieren zu bewirken:

dann in dem Glauben und der
Überzeugung, daß es funktionieren kann:

dann darin, dieses deutliche, festumrissene
Vorstellungsbild in eurem Bewußtsein
zu halten und zuzusehen, daß es sich
Stück für Stück herausarbeitet,
ohne dabei den leisesten Gedanken
des Zweifels oder der Ungewißheit
aufkommen zu lassen.

Eileen Caddy
Spuren auf dem Weg zum Licht

Das Leben birgt
in Fülle das Neue und
quillt über davon.

Aber man muß das Alte ausräumen,
um dem eindringenden Neuen
Platz zu machen.

Eileen Caddy
Spuren auf dem Weg zum Licht

Nur in der Beziehung zu anderen kannst du
dich erkennen, nicht durch rein theoretische Betrachtung
und bestimmt nicht, wenn du isoliert bist.

Die Entwicklung des Verhaltens ist der sichere Wegweiser
zu dir selbst, sie ist der Spiegel deines Bewußtseins. Dieser Spiegel
wird seinen Inhalt enthüllen, die Bilder, die Anhaftungen, die Ängste,
die Einsamkeit, die Freude und den Kummer.

Die Armut liegt darin, davor davonzulaufen –
entweder vor dem, was es auf geistiger Ebene
bedeutet, oder vor seinen konkreten Manifestationen.

J. Krishnamurti

Du bereitest
dir und anderen
genausoviel Leid,
wenn
du Anstoß nimmst,
wie wenn du
Anstoß erregst.

Ken Keyes jr.
Das Handbuch zum höheren Bewußtsein

Je mehr du von Kräften
außerhalb deiner selbst
abhängst,
desto mehr wirst du von ihnen
beherrscht.

Harold Sherman

Die erfolgreichste Methode,
mit jeglichem lebenden Wesen
eine richtige Beziehung aufzubauen,
besteht darin, nach dem Besten in ihm
zu suchen
und dann diesem Besten zu seinem
vollgültigsten Ausdruck zu verhelfen.

J. Allen Boone
Verwandtschaft mit allem Leben

Sorge für mehr
Freude und Lachen
in deinem Dasein.

Eileen Caddy
Gott sprach zu mir

Gedanken sind Dinge;
sie haben ungeheure Kraft.

Gedanken des Zweifels und der Angst sind
Pfade zum Scheitern.
Wenn du negative Einstellungen
des Zweifels und der Angst überwindest, überwindest du
das Scheitern.

Gedanken kristallisieren sich
zu einer Grundhaltung,
und die Grundhaltung verfestigt sich
zu Gegebenheiten.

Brian Adams
Wege zum Erfolg

Dir sind die Gaben der Götter verliehen;
du erschaffst deine Wirklichkeit
deinen Überzeugungen gemäß.

Du verfügst über die schöpferische
Energie, die deine Welt gestaltet.

Das Selbst unterliegt keinerlei
Beschränkungen außer jenen,
von deren Existenz du überzeugt bist.

Jane Roberts
Die Natur der persönlichen Realität

Ein Ding ist vollständig,
wenn du es
sein lassen
kannst.

Gita Bellin

Es gibt nur eine Tapferkeit,
und das ist die Tapferkeit,
sich ständig von der Vergangenheit
loszusagen,
sie nicht zu sammeln,
sie nicht anzuhäufen,
sich nicht an sie zu klammern.

Wir alle klammern uns
an die Vergangenheit,
und weil wir uns an die Vergangenheit
klammern,
werden wir unbrauchbar
für die Gegenwart.

Bhagwan Shree Rajneesh
Im Zen gehen, im Zen sitzen

Die Vergangenheit
ist abgestorben.
Die Zukunft
ist bloß gedacht.
Das Glück
kann nirgendwo sonst sein
als im ewigen
Augenblick
des Jetzt.

Ken Keyes jr.
Das Handbuch zum höheren Bewußtsein

Man kann das Böse in einem selbst
nicht dadurch bezwingen,
daß man ihm widersteht ...,
sondern dadurch, daß man seine Energien
in andere Formen umwandelt.

Die Energie, die sich in der Form
des Bösen ausdrückt,
ist dieselbe Energie,
die sich in der Form
des Guten ausdrückt;
und folglich läßt die eine
sich in die andere umwandeln.

Charles Henry Mackintosh
Ich betrachtete das Leben

Fürchte nichts von dem,
was du in dir birgst –
alle Klugheit,
alle Macht,
alle Stärke,
alle Einsicht.

Eileen Caddy
Morgen der Veränderung

Wenn du weißt,
daß du es haben willst,
dann erlange es.

Gita Bellin

Erwarte, daß jedes deiner Bedürfnisse
befriedigt wird,
erwarte die Lösung
jedes Problems,
erwarte überreiche Fülle
auf jeder Stufe,
erwarte, daß du spirituell wächst.

Eileen Caddy
Morgen der Veränderung

Bittet, dann wird euch gegeben;
sucht, dann werdet ihr finden;
klopft an, dann wird euch
geöffnet.

Denn wer bittet,
der empfängt;
wer sucht,
der findet;
und wer anklopft,
dem wird geöffnet.

Matthäus[7] 7,7–8

In jedem Augenblick
könnte ich anfangen, ein
besserer Mensch zu sein –

aber welchen Augenblick
soll ich wählen?

Ashleigh Brilliant
Seitenhiebe No 1521

Man muß bloß man selbst sein.
Das ist meine grundlegende Botschaft.

In dem Moment, wo du dich so akzeptierst,
wie du bist,
verschwinden schlichtweg
alle Belastungen,
alle riesigen Bürden.

Dann ist das Leben eine reine Freude,
ein Lichterfest.

Bhagwan Shree Rajneesh
Das Geräusch einer klatschenden Hand

Wenn du von einem bedeutenden Vorhaben,
einem außergewöhnlichen Projekt
beflügelt bist,
dann sprengen all deine Gedanken
ihre Ketten; dein Geist überschreitet
Begrenzungen, dein Bewußtsein
dehnt sich nach allen Richtungen aus,
und du befindest dich unvermutet in
einer neuen, bedeutenden und
wundervollen Welt.
Schlummernde Kräfte, Fähigkeiten und
Talente erwachen zum Leben, und du
stellst fest, daß du ein weitaus
bedeutenderer Mensch bist,
als du dir je hast träumen lassen.

Patanjali[8]

Wer glaubt,
der braucht keinen Beweis.

Wer nicht glaubt,
dem taugt kein Beweis.

John und Lyn St. Clair-Thomas
Blicke des Betrachters

Nimm das Gute, bis du etwas Besseres
findest, und sieh zu, daß auf deiner Suche
nach etwas Besserem das Gute sich nicht von dir fortstiehlt
oder versiegt. Wenn du ihm trotz seines Wertes keine
Beachtung schenkst und etwas Besserem nachjagst,
dann entgleitet dir, was du hattest.
Bleibst du hingegen dem verhaftet,
was gut ist, wirst du es immer haben,
auch wenn nichts Besseres nachfolgt.

Paracelsus

Aus dem Scheitern gewinnen wir
viel mehr Einsichten als
aus dem Erfolg.
Häufig entdecken wir,
was zweckdienlich ist,
indem wir herausfinden,
was nicht zweckdienlich ist.
Und wer nie einen Fehler machte,
hat wahrscheinlich
nie eine Entdeckung gemacht.

Samuel Smiles[9]

Gleiches zieht Gleiches an.

Alles, was der bewußte Geist
denkt und glaubt,
wird vom Unterbewußten
in identischer Entsprechung
hervorgebracht.

Brian Adams
Wege zum Erfolg

Der Lauf des menschlichen Lebens gleicht dem eines großen Flusses,
der kraft seiner eigenen Schnelligkeit neue und unvorhergesehene
Bahnen zieht, ebendort, wo sich zuvor keine Strömung befand – solche
mannigfaltigen Strömungen und ohne Vorsatz
erfolgenden Wandlungen gehören zu dem,
was Gott mit unserem Leben vorhat.
Das Leben ist kein künstlicher Kanal, nicht darauf
eingeschränkt, innerhalb vorgeschriebener Bahnen
zu verlaufen.
Wenn wir dies einmal in unserem eigenen Leben klar erkannt haben,
werden wir uns wohl kaum mehr durch irgendwelche
bloßen Lügenmärchen irreführen lassen.

Rabindranath Tagore[10]

Kommt innerlich zur Ruhe
und erkennt
ein deutliches, grundrißartiges Muster,
das sich durch euer ganzes Leben
hindurchzieht.

Nichts geschieht zufällig.

Eileen Caddy
Spuren auf dem Weg zum Licht

Wenn die Liebe dir ein Zeichen gibt,
dann folge ihr,
auch wenn ihre Wege beschwerlich
und steil sind.
Und wenn ihre Schwingen dich umhüllen,
dann gib dich ihr hin,
obwohl das unter ihren Fittichen
verborgene Schwert dich
möglicherweise verwundet.

Und wenn sie mit dir spricht,
dann habe Vertrauen zu ihr,
obwohl ihre Stimme möglicherweise
deine Träume zerschlägt,
wie der Nordwind den Garten verwüstet.

Khalil Gibran
Der Prophet

Das Leben ist entweder
ein gewagtes Abenteuer
oder gar nichts.

Helen Keller[11]

Es gibt keine widrige Sachlage,
in die du je geraten könntest,
die sich nicht bewältigen läßt.
Das Leben erfüllt sich
mit wirklichem Sinn,
wenn du dir Werte setzt,
dich selbst für lohnend hältst
und deine Gedanken zu Dingen
erhebst,
die von göttlichem Nutzen sind.
Es gibt eine höhere Macht.
Wende dich ihr zu und gebrauche sie.
Du kannst sie dir mühelos aneignen.

Brian Adams
Wege zum Erfolg

Prüfungen sind nur Lektionen,
die du zu lernen versäumt hast
und die sich dir nochmals bieten.
Wo du also zuvor eine falsche Wahl
getroffen hast,
kannst du jetzt eine bessere treffen
und so aller Pein entrinnen,
die das, was du vormals wähltest,
dir bereitet hat.

Ein Kurs in Wundern

Alles hat seine Stunde.
Für jedes Geschehen unter dem Himmel
gibt es eine bestimmte Zeit.

Kohelet/Prediger Salomos 3,1

Alles,
was wir im Leben tun ...

ist es nicht bloß ein Spiel?

Gururaj Ananada Yogi

Geh von Zeit zu Zeit weg
und entspanne dich ein wenig,
denn wenn du dann
zu deinem Werk zurückkehrst,
wird dein Urteil sicherer sein.
Bleibst du nämlich fortwährend
bei der Arbeit, so wird dies
deine Urteilskraft schwächen ...

Geh eine bestimmte Strecke weit weg,
weil das Werk dann kleiner wirkt
und man mehr davon
mit einem Blick erfassen kann
und ein Mangel in seiner Harmonie
oder seinen Proportionen
leichter zu erkennen ist.

Leonardo da Vinci

Wandlung
ist nie ein Verlust –

sie ist Wandlung, weiter nichts.

Vernon Howard
Der mystische Pfad zu kosmischer Kraft

Wenn du das Geheimnis
richtiger Beziehungen
erfahren möchtest,
dann suche nur nach dem Göttlichen
in den Menschen und Dingen
und stelle alles übrige Gott anheim.

J. Allen Boone
Verwandtschaft mit allem Leben

Wir können nur
im Hier und Jetzt sein,
wenn wir augenblicklich unser
Moment um Moment erfolgendes
emotionales Erleben akzeptieren.

Gita Bellin

Je mehr
Gewicht man
auf Vollkommenheit legt,
desto weiter entschwindet sie.

Haridas Chaudhuri
Die Probleme des Lebens meistern

Das, was mich bedrückt –
ist es meine Seele,
die versucht, ins Freie
hinauszugelangen,
oder die Seele der Welt,
die an meinem Herzen anklopft,
um eingelassen zu werden?

Rabindranath Tagore[12]

Weshalb dein gegenwärtiges Glück
durch ein fernes Elend
zunichte machen,
das dir womöglich
nie und nimmer widerfährt?

Denn jeder gewichtige Kummer
hat zwanzig Schatten,
und die meisten der Schatten
sind dein eigenes Werk.

Sydney Smith[13]

Du findest wahre Freude
und Glückseligkeit im Leben,
wenn du gibst
und gibst
und fortfährst zu geben
und niemals die Kosten berechnest.

Eileen Caddy
Morgen der Veränderung

Erfolg ist eine Reise,
kein Bestimmungsort –
das halbe Vergnügen besteht darin,
dorthin zu gelangen.

Gita Bellin

Mein Leben ist eine Aufführung,
zu deren Einstudierung
man mir nie die mindeste
Gelegenheit gab.

Ashleigh Brilliant
Seitenhiebe No 1318

Wenn du das nächste Mal ins Straucheln gerätst
und dich mit irgendeinem Problem herumschlägst,
dann paß einfach auf und schau genauer hin.
Stell dich einfach daneben und sieh dir das Problem
an. Ist es tatsächlich vorhanden?
Oder hast du es selbst geschaffen?

Untersuche es eingehend, und du wirst plötzlich
erkennen, daß es sich nicht vergrößert,
sondern verringert; daß es zusehends kleiner wird.

Je mehr Energie du für die Beobachtung aufwendest,
desto kleiner wird es.
Und es kommt der Augenblick,
wo es plötzlich nicht mehr vorhanden ist ...
dann kannst du über die Sache herzlich lachen.

Bhagwan Shree Rajneesh
Die Tantravision Bd. 1

Große Geister
sind bei kleinen Geistern
stets auf heftigen Widerstand
gestoßen.

Albert Einstein

Vergebung erkennt klar:
Was dir, wie du dachtest,
dein Bruder angetan hat,
ist nicht geschehen.

Ein Kurs in Wundern

Lerne, still zu sein.

Laß deinen
ruhigen Geist
lauschen
und aufnehmen.

Pythagoras

Jede Streitfrage,
Überzeugung,
Einstellung
oder Annahme,
ist genau der strittige Punkt,
der zwischen dir und deiner Beziehung
zu einem anderen Menschen steht –
und zwischen dir
und deinem Selbst.

Gita Bellin

Vollkommene Güte
handelt,
ohne Güte
im Sinn zu haben.

Lao-Tzu[14]

Die Zeit ist eine Erfindung.
Das Jetzt ist eine Realität.
So viel Schöpferisches kommt einfach deshalb
zustande, weil wir uns dabei von der Vergangenheit
und von der Zukunft zurückgezogen haben.

Auf die Vergangenheit oder auf die Zukunft
ausgerichtet, bleibt unsere ganze Energie blockiert.

Wenn ihr eure gesamte Energie von der
Vergangenheit und der Zukunft zurückzieht,
kommt es zu einer gewaltigen Entladung.

Diese Entladung ist das Schöpferische.

Bhagwan Shree Rajneesh
Die Gans ist raus

Mit Sicherheit
erlebt der Mensch, der in sich selbst
alle Kreaturen gewahren kann,
in allen Kreaturen selbst
keinen Kummer.

Eesha Upanishad[15]

Jeder Augenblick deines Lebens
ist unermeßlich schöpferisch,
und das Universum
ist unendlich freigebig.

Bringe einfach eine
genügend deutliche Bitte vor,
und alles,
was dein Herz begehrt,
muß dir zufallen.

Shakti Gawain
Stell dir vor

Entfalte, erweitere dich
in deinem Bewußtsein –

sei nun bereit, alles zu akzeptieren,
eben jetzt
und jederzeit.

Eileen Caddy
Gott sprach zu mir

Was wir heute sind,
kommt von
unseren gestrigen Gedanken her,
und unsere gegenwärtigen Gedanken
gestalten unser
morgiges Leben:

Unser Leben ist das Erzeugnis
unseres Geistes.

Der Buddha

Lieben heißt
die Angst
verlieren.

Gerald Jampolsky

Wenn irgendein Mißgeschick droht, dann denke ernsthaft und besonnen darüber nach, was wohl schlimmstenfalls passieren könnte. Mach dir, nachdem du dich mit diesem möglichen Mißgeschick innerlich konfrontiert hast, durch vernünftige Gründe plausibel, daß es eigentlich gar keine so schreckliche Katastrophe sein muß.
Solche Gründe gibt es immer, denn auch im schlimmsten Fall hat nichts, was einem passiert, irgendeine kosmische Bedeutung. Wenn du dir eine Zeitlang die schlimmste Möglichkeit ruhig vor Augen geführt und dir mit wirklicher Überzeugung gesagt hast: Na ja, eigentlich würde das nicht gar so viel ausmachen, wirst du feststellen, daß deine Besorgnis in ganz ungewöhnlichem Ausmaß abnimmt. Vielleicht ist es erforderlich, dieses Vorgehen ein paarmal zu wiederholen, aber am Ende, sofern du dich in keiner Weise davor gedrückt hast, der denkbar schlimmsten Problemlage ins Auge zu sehen, wirst du feststellen, daß deine Besorgnis ganz und gar verschwindet und einer Art Erheiterung Platz macht.

Bertrand Russell
Die Eroberung des Glücks

Wie lange wirst du noch damit fortfahren,
deine Energien schlummern zu lassen?

Wie lange wirst du noch damit fortfahren,
für die riesige Fülle deines Selbst
blind zu bleiben?

Verliere keine Zeit im Widerstreit;
verliere keine Zeit im Zweifel –
Zeit kann man nie zurückerlangen,
und wenn du eine Gelegenheit versäumst,
kann es viele Leben lang dauern,
ehe sich dir wieder
eine weitere bietet.

Bhagwan Shree Rajneesh
Eine Tasse Tee

Wenn du augenscheinliche Negativität
mit Negativität attackierst,
dann nährst und schürst
du lediglich deren Quelle.

Bei jedem Konflikt
ist es stets am besten,
das Positive zu ergreifen.

Wenn du ein konkretes Ding
aufrichtig liebst
oder ihm zumindest
freundliche Gedanken zuwendest,
wird es sich vor deinen Augen
verwandeln.

John und Lyn St. Clair-Thomas
Blicke des Betrachters

Alles,
was ich mit irgend jemandem
tue oder rede,
fällt ins Gewicht.

Gita Bellin

Schwierigkeiten sind Gelegenheiten
zu Besserem;
sie sind Sprungbretter
für eine größere Erfahrung.

Vielleicht wirst du eines Tages
dankbar sein,
daß du hin und wieder in einer
bestimmten Hinsicht versagt hast.

Wenn sich eine Tür schließt,
öffnet sich stets eine andere.
Das muß sie wie nach einem Naturgesetz,
des Ausgleichs wegen.

Brian Adams
Wege zum Erfolg

Stehst du auf Schuld,
dann spielst du Gott.
Das Universum ist erschaffen,
drum ist es okay, wenn man
einen Fehler macht.

Fühlst du dich schuldig wegen dem,
was du getan hast,
dann behauptest du,
es sei nicht okay,
wenn man Fehler macht.

Willst du dein Leben ändern:

– Fang sofort damit an
– Tu es mit heller Begeisterung
– Und keine Einwände (keine Ausreden)!

William James[16]

Indem du mit deinen Empfindungen
einverstanden bist,
vereinheitlichst du
deinen emotionalen,
deinen mentalen
und deinen
körperlichen Zustand.

Wenn du versuchst, gegen sie anzukämpfen
oder sie zu verleugnen,
trennst du dich völlig
von der Wirklichkeit deines Seins.

Jane Roberts
Die Natur der persönlichen Realität

Sich
aufzuregen
über das,
was man nicht hat ...,

heißt:
das vergeuden,
was
man tatsächlich hat.

Ken Keyes jr.
Das Handbuch zum höheren Bewußtsein

Tue, was ansteht,
und du wirst
die Kraft dazu haben.

Ralph Waldo Emerson[17]

Die Menschen, mit denen
wir in Beziehung stehen,
sind immer wie ein Spiegel,
der unsere eigenen
Überzeugungen reflektiert;
und gleichzeitig sind wir Spiegel,
die ihre Überzeugungen reflektieren.

So ist die zwischenmenschliche Beziehung
eines der wirkungsvollsten Hilfsmittel
für Wachstum ...
wenn wir uns unsere Beziehungen
ehrlich anschauen, können wir
so viel darüber erfahren, wie wir
sie gestaltet haben.

Shakti Gawain
Stell dir vor

In der Freiheit
gibt es
immer Risiken.

In der Knechtschaft
gibt es nur das
eine Risiko:
freizukommen.

Gita Bellin

Gedanken
sind wie
Bumerangs.

Eileen Caddy
Morgen der Veränderung

Das Wirkungsvollste,
was du tun kannst,
um die Welt zu ändern,
besteht darin,
deine eigenen Anschauungen
über das Wesen des Lebens,
der Menschen,
der Wirklichkeit mehr zum
Positiven hin zu ändern ...
und anzufangen, dementsprechend
zu handeln.

Shakti Gawain
Stell dir vor

Sei nicht der Sklave
deiner eigenen Vergangenheit –
stürze dich in die grandiosen Meere,
tauche tief und schwimme weit.
So sollst du denn zurückkehren
mit Selbstachtung,
mit neuer Kraft,
mit einer gereiften Erfahrung,
die die alte
erklären und
kritisch sichten soll.

Ralph Waldo Emerson[18]

Es hat wenig Sinn zu versuchen,
äußere Bedingungen zu ändern.
Du mußt zuerst innere Überzeugungen
ändern,
dann werden sich die äußeren Bedingungen
dementsprechend ändern.

Brian Adams
Wege zum Erfolg

Die einzige Möglichkeit, mit der
Zukunft zurechtzukommen,
besteht darin, erfolgreich im
Jetzt tätig zu sein.

Gita Bellin

Die ganze Welt ist Bühne
Und alle Fraun und Männer
bloße Spieler.
Sie treten auf und
gehen wieder ab.
Sein Leben lang spielt einer manche Rollen
Durch sieben Akte hin.

Shakespeare
Wie es euch gefällt[19]

Hör auf, dazusitzen
und mit gefalteten Händen
untätig zuzuschauen.

Tritt in Aktion
und lebe dieses reiche
und herrliche Leben.

Jetzt.

Du mußt das tun.

Eileen Caddy
Morgen der Veränderung

Der Zweifel ist ein Schmerz,
der zu einsam ist, um zu wissen,
daß er im Glauben
einen Zwillingsbruder hat.

Khalil Gibran
Der Prophet

Es gibt keine Trennung
zwischen uns und Gott –
wir sind göttliche Manifestationen
des schöpferischen Prinzips ...
es kann keinen wirklichen Mangel, keine
wirkliche Dürftigkeit geben. Es gibt
nichts, was wir tunlichst erlangen
oder auf uns ziehen müßten.
Wir bergen in uns
das Potential
für alles.

Shakti Gawain
Stell dir vor

Betrachte jede Schwierigkeit
als Herausforderung,
als Sprungbrett,
und laß dich nie durch irgend etwas
oder irgend jemanden
entmutigen.

Eileen Caddy
Morgen der Veränderung

Erfolg hängt davon ab,
worin die Absicht
liegt.

Gita Bellin

Wenn du deine Tür vor allen
Irrtümern verschließt,
wird die Wahrheit
ausgeschlossen.

Rabindranath Tagore[20]

Das Leben ist wie ein wilder Tiger.
Du kannst dich entweder hinlegen
und dir von ihm
die Tatze auf den Kopf legen lassen –
oder dich auf seinen Rücken setzen
und ihn reiten.

Reite den wilden Tiger

Dein Unterbewußtsein hält die Lösung bereit.

Wenn du mit einem Problem konfrontiert bist und du
keine unmittelbare Lösung erkennen kannst, dann nimm als wahr an,
daß dein Unterbewußtes die Abhilfe
bereithält und darauf wartet, sie dir zu enthüllen.

Wenn sich keine Lösung einstellt, dann übergib
das Problem vor dem Schlafengehen deiner tieferen
Bewußtseinsschicht. Fahre fort, deinen Wunsch
auf dein Unterbewußtes zu übertragen,
bis die Lösung sich einstellt.

Die klärende Reaktion besteht dann in einem bestimmten ›Gefühl‹,
einem inneren Gewahrsein, durch das du ›weißt‹,
was zu tun ist. Orientierung bei allen Dingen stellt sich
ein als die leise schwache Stimme im Innern:
Sie enthüllt alles.

Brian Adams
Wege zum Erfolg

Gläubiges Vertrauen ist eine Oase
im Herzen,
die von der Karawane des Denkens
nie erreicht werden wird.

Khalil Gibran
Sand und Schaum

Jedesmal, wenn wir sagen:
»Ich muß etwas tun«,
erfordert das eine unglaubliche
Menge Energie.

Weit mehr
als die physische
Ausführung.

Gita Bellin

Sei realistisch:

Plane ein Wunder.

Bhagwan Shree Rajneesh

Wir sind Mitwirkende
eines riesigen kosmischen Orchesters,
in dem jedes lebende Instrument
für das sich gegenseitig ergänzende und
harmonische
Spielen des
Ganzen
unentbehrlich ist.

J. Allen Boone
Verwandtschaft mit allem Leben

Gehe zuversichtlich
in Richtung auf deine Träume!
Lebe das Leben, das dir vorschwebt.

Da du dein Leben vereinfachst,
werden die Gesetze des Universums
einfacher sein.
Einsamkeit ist dann nicht Einsamkeit,
Armut ist dann nicht Armut
und Schwäche nicht Schwäche.

Henry David Thoreau[21]

Alles, worum ihr betet und bittet –
glaubt nur, daß ihr es schon erhalten habt,
dann wird es euch zuteil.

Markus 11, 24

Geben bedeutet, die eigene Liebe
ohne Bedingungen, ohne Erwartungen
und ohne Schranken auszuteilen.

Seelenfrieden tritt also ein,
wenn wir all unsere Aufmerksamkeit
in das Geben investieren
und nicht den Wunsch hegen,
von einem anderen Menschen
irgend etwas zu bekommen
oder ihn zu ändern.

Der Ansporn zu geben führt
zu einem Gefühl innerer Befriedung und
Freude, das in keinem Zusammenhang
mit der Zeit steht.

Gerald G. Jampolsky
Lieben heißt die Angst verlieren

Die einzige erfolgreiche Manifestation
ist die, welche eine
Bewußtseinsveränderung
oder eine Bewußtseinserweiterung
hervorbringt;
das heißt: Sie hat nicht nur eine Form
manifestiert, sondern sie hat Gott
manifestiert oder ihn
vollständiger offenbart ...

David Spangler
Die Gesetze der Manifestation

Manch einer mag
den Tagesanbruch
nicht erreichen,
es sei denn
auf dem Pfad
der Nacht.

Khalil Gibran
Sand und Schaum

Wir sind nicht hier, um bloß am Leben zu bleiben
und lange zu leben ...
Wir sind hier, um das Leben in seinen vielen
Dimensionen zu leben und zu erfahren,
um es in seiner Fülle zu erfassen,
in seiner ganzen Mannigfaltigkeit.

Und wenn ein Mensch innerhalb
vieler Dimensionen lebt,
alle vorhandenen Möglichkeiten erkundet,
nie vor einer Herausforderung zurückschreckt,
an sie herangeht, sich auf sie stürzt,
sie gerne annimmt,
sich der Lage gewachsen zeigt,
dann wird das Leben flammende Glut,
dann blüht das Leben.

Bhagwan Shree Rajneesh
Das geheiligte Ja

Dein Schmerz
ist das Zerbrechen
der Schale,
die dein Verstehen
umschließt.

Khalil Gibran
Der Prophet

Du solltest dir immer
bewußt sein, daß dein
Kopf deine Welt
erschafft.

Ken Keyes jr.
Das Handbuch zum höheren Bewußtsein

Die Menschen werden
nicht durch äußere Geschehnisse
in Unruhe versetzt,
sondern durch ihre Meinung
über die äußeren Geschehnisse.

Epiktet[22]

Dankbarkeit
hilft euch, zu wachsen und aufzublühen;
Dankbarkeit bringt Freude
und Lachen in euer Leben
und in das Leben all jener,
die um euch sind.

Eileen Caddy
Morgen der Veränderung

Nie wird von dir verlangt,
mehr zu tun, als du zu tun fähig bist,
ohne daß dir jeweils
die Kraft und Fähigkeit dazu
verliehen würde.

Eileen Caddy
Morgen der Veränderung

Wenn man eine Veränderung will,
muß man diese Veränderung sein,
ehe diese Veränderung
eintreten kann.

Gita Bellin

Ein verändertes Denksystem kann den uns bislang
bekannten Kausalzusammenhang umkehren.
Den meisten von uns fällt es sehr schwer, diese
Vorstellung zu akzeptieren, weil es uns widerstrebt,
die sichere Kalkulierbarkeit unseres bisherigen Systems
von Überzeugungen aufzugeben und
für unsere Gedanken, Empfindungen und Reaktionen
die Verantwortung zu übernehmen.
Da wir stets im Innern nachsehen, bevor wir
hinaussehen, können wir einen Angriff außerhalb von uns
nur erkennen, wenn wir als erstes die reale
Gegebenheit eines im Innern erfolgenden Angriffs
akzeptiert haben.

Gerald G. Jampolsky
Lieben heißt die Angst verlieren

Seid extravagant!

Menschen, die
Meisterschaft erlangen,
haben die Veranlagung
zur Extravaganz.

Gita Bellin

Die göttlichsten Dinge – Religiosität, Liebe, Wahrheit, Schönheit,
Gerechtigkeit – scheinen ihren Sinn und Wert zu verlieren, wenn wir
in Mattigkeit und
Gleichgültigkeit verfallen ...
Es ist ein Zeichen, daß wir damit aufhören sollten,
zu meditieren und Bücher zu lesen, und hinaus ins Freie gehen sollten,
in die Gegenwart der Natur, in die Gesellschaft von Herden und Kindern,
wo wir – weit weg von den unfruchtbaren Wüsten der Theorie
und Spekulation – neue Gesundheit und Energie aus den klaren und
reichlich fließenden Quellen des Lebens
trinken können; wo wir wieder erfahren können,
daß der Mensch Freude und Frieden nicht durch
intellektuelles Sinnieren oder Infragestellen erlangt, sondern durch
Glauben, Hoffen, Lieben und Tun.

John Lancaster Spalding

Erwarte das Beste;
verwandle Probleme in Gelegenheiten;
sei unzufrieden mit dem Status quo;
konzentriere dich darauf,
wohin du gelangen möchtest,
statt darauf, woher du kommst;
und was am wichtigsten ist:
Beschließe, glücklich zu sein,
wohl wissend, daß dies eine Haltung ist,
eine aus täglichem Üben
gewonnene Gewohnheit,
und kein Ergebnis oder Entgelt.

Denis Waitley
Der Vorteil des Gewinners

Jeder Mensch
und jedes Ding
in deiner unmittelbaren
Umgebung
ist dein Lehrer.

Ken Keyes jr.
Das Handbuch zum höheren Bewußtsein

Seelenfrieden
kommt daher, daß man andere
nicht verändern will,
sondern sie einfach so akzeptiert,
wie sie sind.

Wirkliches Akzeptieren
ist nie mit Forderungen
und Erwartungen verbunden.

Gerald G. Jampolsky
Lieben heißt die Angst verlieren

Einen anderen zu hassen bedeutet,
sich selbst zu hassen.
Wir alle leben innerhalb des einen allumfassenden Geistes.
Was wir voneinander denken,
denken wir von uns selbst.

Habt ihr einen Feind, dann vergebt ihm jetzt.
Laßt alle Verbitterung und allen Groll sich auflösen.
Ihr schuldet eurem Mitmenschen Liebe.
Erzeigt ihm Liebe, nicht Haß.

Zeigt Nächstenliebe und Wohlwollen
gegenüber anderen,
das kommt dann zurück zu euch,
um euer Leben in vielerlei Hinsicht
wunderbar zu steigern.

Brian Adams
Wege zum Erfolg

Daß man sich über sich selbst
keinen Illusionen mehr hingibt,
muß der Erleuchtung
vorausgehen.

Vernon Howard
Der mystische Pfad zu kosmischer Kraft

Liebe
ist ein Bereich,
in dem man
alle übrigen Gefühlsregungen
verspüren kann.

Robert Prinable

Vor der Erleuchtung
Holz hacken,
Wasser tragen.

Nach der Erleuchtung
Holz hacken,
Wasser tragen.

Zen-Spruch

Geistig-seelische Gesundheit
bemißt sich an der Neigung, überall
Gutes zu entdecken.

Ralph Waldo Emerson[23]

Die Wahrheit wandelt sich nicht,
obwohl
deine Auffassung von ihr
drastisch
schwanken
oder sich ändern kann.

John und Lyn St. Clair-Thomas
Blicke des Betrachters

Lerne deine Lektionen
rasch,
und geh weiter.

Eileen Caddy
Morgen der Veränderung

Das Leben hat seinen Schlaf, seine Phasen
der Untätigkeit, wo es in Bewegungslosigkeit übergeht, keine
neue Nahrung zu sich nimmt und von seinen aus der Vergangenheit
stammenden Vorräten lebt. Dann wird es unbeholfen, weil ja seine
Muskeln erschlafft sind, und kann daher nur allzu leicht wegen seiner
dumpfen Benommenheit verhöhnt werden.
Im Rhythmus des Lebens muß es Pausen
für die Erneuerung des Lebens geben.
In seinem Tun verausgabt sich das Leben immer
und verbrennt dabei seinen ganzen Treibstoff.
Diese Verschwendung kann nicht unbegrenzt
fortdauern, sondern wird stets von einem passiven
Stadium abgelöst, in dem zugunsten von Ruhe und
allmählicher Erholung jeglicher Kraftverbrauch
eingestellt und auf alle Abenteuer verzichtet wird.

Rabindranath Tagore[24]

Menschen mit hoher Selbstachtung
verfügen über diese,
weil sie die eigenen Mißerfolge
überwunden haben.

Sie sind auf die Probe des Lebens
gestellt worden,
haben die Probleme überwunden
und sind gewachsen.

David Jansen

Der schnellste Weg
zur Freiheit
besteht darin,
die eigenen Gefühle
zu empfinden.

Gita Bellin

Nimm die Erfahrungen
des Lebens nicht zu ernst.
Laß dich vor allem nicht
von ihnen verletzen,
denn in Wirklichkeit sind sie nichts
als Traumerlebnisse ...

Wenn die Umstände schlimm sind
und du sie ertragen mußt,
dann mache sie nicht
zu einem Bestandteil von dir selbst.

Spiele deinen Part im Leben,
aber vergiß nie, daß
er nur eine Rolle ist.

Paramahansa Yogananda
Par-a-gram

Die Schneegans
braucht nicht zu baden,
um sich weiß zu machen.

Auch du brauchst nichts
weiter zu tun,
als du selbst zu sein.

Lao-Tzu[25]

Sei wie ein ganz kleines
frohes Kind,
das herrlich im immer
gegenwärtigen Jetzt lebt,
und sich keinerlei Sorgen oder
Gedanken macht,
auch wegen des nächsten
Zeitmoments nicht.

Eileen Caddy
Morgen der Veränderung

Es gibt nur einen Grund
für menschliches Versagen,
nämlich den,
daß dem Menschen der Glaube
an sein wahres Selbst fehlt.

William James[26]

Wir werden nicht so sehr
von anderen Menschen
oder dem, was sie sagen oder nicht sagen,
emotional gekränkt oder verletzt,
sondern durch unsere eigene
Einstellung
und unsere eigene Reaktion.

Maxwell Maltz
Psychokybernetik

Solange
du nicht einzusehen vermagst,
daß dir nichts zustoßen kann,
daß dir nie etwas widerfahren
oder vorenthalten werden kann,
es sei denn im Einklang
mit deinem Bewußtseinszustand,
hast du nicht
den Schlüssel zum Leben.

Paul Twitchell
Die Flöte Gottes, Eckankar

Wenn du wegen deines Glücks
von jemandem abhängst,
wirst du ein Sklave,
wirst du abhängig,
erzeugst du Knechtschaft.

Und du hängst von
so vielen Menschen ab. Sie alle
werden deine subtilen Herren,
sie alle beuten dich dafür aus.

Bhagwan Shree Rajneesh
Das Buch der Bücher Bd. IV

Schenke dem morgigen Tag
keine Beachtung,
sondern gewahre vielmehr
ganz das Heute,
denn was für das Heute hinreicht,
ist dessen Wunder.

Denke nicht zu sehr
an dich selbst, wenn du gibst,
sondern denke an die Notwendigkeit.
Denn jeder Gebende empfängt
selbst vom Vater, und zwar
in viel reicherem Maße.

Annie Besant[27]
Einige Schwierigkeiten des inneren Lebens

Das Leben begegnet ständig
Widersprüchen auf dem Weg zu seiner
vollen Verwirklichung; aber diese sind
seiner Verbesserung wegen unabdingbar.
Der Wasserlauf wird davor bewahrt, träge dahinzuströmen –
dank des andauernden Widerstands des Untergrunds,
durch den er sich seinen Weg bahnen
muß. Der Untergrund ist es, aus dem sich
seine Ufer bilden.
Der Kampfgeist gehört zur natürlichen Schöpferkraft
des Lebens.

Rabindranath Tagore[28]

Fasse Mut,
Wahrheit und Glück
widerfahren dir am Ende doch.

Du kannst in diesem Spiel
nicht verlieren.

Amüsiere dich.

Es dauert zu lange an,
um es die ganze Zeit
über ernst zu nehmen.

John und Lyn St. Clair-Thomas
Blicke des Betrachters

Auf welch wunderbare Weise uns doch – wie dies bei ganz normalen Leuten zutrifft – die Kraft in jeder Notsituation schlagartig zu Hilfe kommt! Wir führen ein ängstliches Leben und schrecken vor schwierigen Aufgaben zurück, bis wir eventuell in sie hineingezwungen werden oder uns für sie entscheiden, und sofort scheinen wir die unbemerkten Kräfte freizusetzen. Wenn wir einer Gefahr entgegentreten müssen, dann stellt sich Kühnheit ein, wenn eine Prüfung uns über einen langen Zeitraum hin stark beansprucht, sehen wir uns unvermutet im Besitz der Kraft durchzuhalten; wenn dann das Unheil letztendlich den Sturz herbeiführt, vor dem wir uns so sehr fürchteten, spüren wir unter uns die Stärke, als hätten wir dennoch unverwüstliche Waffen.
Die allgemeine Erfahrung lehrt uns: Wenn große Anforderungen an uns gestellt werden, müssen wir nur furchtlos die Herausforderung annehmen und voller Zuversicht unsere Stärke einsetzen, und schon steuert jede Gefährdung oder Schwierigkeit ihre eigene Stärke bei.
»So wie deine Tage sind, soll deine Stärke sein.«

J. A. Hadfield
Die Psychologie der Kraft

Arbeit
ist sichtbar gemachte
Liebe.

Khalil Gibran
Der Prophet

Alle Dinge sind eben jetzt dabei,
sich zu verändern.
Auch du selbst befindest dich
in unaufhörlicher Umwandlung
und teilweisem Verfall,
und mit dir
das ganze Universum.

Mark Aurel[29]

Der Mensch hat sich irrigerweise
mit der Scheinseele oder
dem Ego identifiziert.
Wenn er sein Identitätsgefühl
auf sein wahres Sein,
die unsterbliche Seele, überträgt,
entdeckt er, daß
aller Schmerz unwirklich ist.
Er kann sich den Zustand
des Leidens
nicht einmal mehr vorstellen.

Paramahansa Yogananda
Aussprüche von Paramahansa Yogananda

Wann wird dir
endlich klarwerden,
daß das einzige,
was du nicht hast,
die unmittelbare Erfahrung ist,

daß es nichts gibt,
was du brauchst,

das du
nicht hast?

Ken Keyes jr.
Das Handbuch zum höheren Bewußtsein

Reuegedanken
können euch zurückhalten
und die wundervollsten Geschehnisse
verhindern,
die euer Leben
in sich birgt.

Eileen Caddy
Spuren auf dem Weg zum Licht

Ihr werdet in
beglückenden Schüben
vorwärtsdrängen.
Dann muß es
vor dem nächsten Schub vorwärts
eine Phase der Festigung geben.

Akzeptiert das
als Bestandteil des Verlaufs
und laßt euch nie
entmutigen.

Eileen Caddy
Gott sprach zu mir

Versuche nicht,
irgend etwas zu erzwingen.
Laß das Leben ein tiefgreifendes
Loslassen sein.

Erkenne, daß Gott jeden Tag
Millionen von Blüten öffnet,
ohne die Knospen dazu
zu zwingen.

Bhagwan Shree Rajneesh
Für die Erleuchtung sterben

Kommt her zum Rand, sagte er.
Sie sagten: Wir haben Angst.
Kommt her zum Rand, sagte er.
Sie kamen.
Er schubste sie – und sie flogen.

Guillaume Apollinaire[30]

Verlange nicht danach,
Dinge schnell erledigen zu lassen.
Achte nicht auf kleine Vorteile.
Das Verlangen, Dinge schnell erledigen
zu lassen, verhindert, daß sie gründlich
erledigt werden. Das Achten auf kleine
Vorteile verhindert, daß große
Unternehmungen erfolgreich
abgeschlossen werden.

Konfuzius

... wie die Frühlinge wiederkehren –
ungeachtet der Zeiten oder Menschen –
so ist die Hoffnung!
Manchmal nur ein winziger Keim,
der durch die harte Schale
der Umstände
nach oben drängen muß,
um das Licht
der Vollendung
zu erreichen.
Gib die Hoffnung nicht auf!

Dorothy Miller Cole

Du mußt anfangen,
dir selbst zu trauen.

Tust du es nicht,
dann wirst du für immer
von anderen erwarten,
daß sie dir deinen eigenen Wert beweisen,
und du wirst nie zufrieden sein.

Du wirst stets andere fragen,
was du tun sollst,
und dich gleichzeitig
über diejenigen ärgern,
bei denen du
solche Hilfe suchst.

Jane Roberts
Die Natur der persönlichen Realität

Das ist Magie:
Außen und Innen vertauschen,
nicht aus Zwang,
nicht leidend,
sondern frei, wollend.
Rufe Vergangenheit,
rufe Zukunft herbei:
beide sind in dir!
Du bist bis heute
der Sklave deines Innern gewesen.
Lerne sein Herr sein.
Das ist Magie.

Hermann Hesse

In dem Moment,
wo einem bewußt wird,
daß man schläft,
ist man bereits halb wach.

P. D. Ouspensky und G. I. Gurdjieff

Wir sind dazu geschaffen,
Umweltfaktoren zu bewältigen,
Probleme zu lösen, Ziele zu erreichen,
und ohne zu bewältigende Hindernisse
und zu erreichende Ziele
erlangen wir keine wirkliche Befriedigung,
kein wirkliches Glück im Leben.

Maxwell Maltz
Psychokybernetik

Die meisten Menschen wissen nicht,
wie tapfer sie eigentlich sind.

Tatsächlich bringen viele potentielle
Helden,
sowohl Männer als auch Frauen,
ihr ganzes Leben im Zweifel
an sich selbst hin.

Wenn sie nur wüßten, daß sie
diese verborgenen Kraftquellen haben!
Das würde ihnen zu der Selbstsicherheit
verhelfen, mit den meisten Problemen,
auch mit einer großen Krise,
fertig zu werden.

R. E. Chambers

Macht euch klar, daß ihr einer Seele
nicht helfen könnt, wenn diese Seele nicht
wirklich Hilfe will und darauf eingestellt ist,
daß ihr geholfen wird.

Ich sage euch: Sendet dieser Seele
nichts als Liebe und noch mehr Liebe.

Verhaltet euch still und wartet,
aber seid da, wenn diese Seele
sich an euch um Hilfe wendet.

Eileen Caddy
Gott sprach zu mir

Keine Seele, die emporstrebt,
kann jemals nicht aufsteigen;
kein Herz, das liebt,
kann jemals im Stich gelassen werden.

Schwierigkeiten gibt es nur,
damit wir stark werden können,
indem wir sie überwinden,
und nur wer gelitten hat,
vermag auch zu retten.

Annie Besant[31]
Einige Schwierigkeiten des inneren Lebens

Sei dir der Wirklichkeit deiner Gefühle bewußt.
Während du über einen Zeitraum hin deiner
Überzeugungen eindringlicher gewahr wirst,
erkennst du nachgerade, wie sie automatisch
bestimmte Gefühle hervorbringen.
Ein Mensch, der selbstsicher ist, ist nicht verärgert über jede ihm
zugefügte Kränkung, noch hegt er
irgendeinen Groll. Ein Mensch hingegen, der um
seinen Eigenwert bangt, ist unter solchen
Bedingungen wütend.
Der freie Fluß deiner Emotionen wird dich,
wenn du sie nicht behinderst, immer zu deinen
bewußten Überzeugungen zurückführen.

Jane Roberts
Die Natur der persönlichen Realität

Beginne mit dem Möglichen;
beginne mit einem Schritt.
Es gibt immer eine Grenze,
du kannst nicht mehr vollbringen,
als du kannst.
Versuchst du, zuviel zu vollbringen,
dann wirst du nichts vollbringen.

P. D. Ouspensky und G. I. Gurdjieff

Du mußt dich selbst lieben,
bevor du einen anderen liebst.

Indem du dich selbst akzeptierst
und freudig bist,
was du bist,
verwirklichst du deine eigenen Fähigkeiten,
und deine einfache Anwesenheit
kann andere
glücklich machen.

Jane Roberts
Die Natur der persönlichen Realität

Ideen können nicht von allein
einen Seinswandel bewirken;
deine Bemühung muß in die
rechte Richtung gehen,
und das eine muß zum anderen
passen.

P. D. Ouspensky und G. I. Gurdjieff

Von der Eigenheit der Natur
ist vieles nutzbar.
Sie ist immer bei dir,
steht dir immer zur Verfügung.

Nimm dir Zeit,
das zu hören und zu sehen,
was sich in unmittelbarer Reichweite
befindet.

Du birgst Kräfte in dir, die unerprobt sind.

Sie gehören dir: Du sollst sie nutzen,
wie du sie entdeckst.

John und Lyn St. Clair-Thomas
Blicke des Betrachters

Beschließt du etwas,
dann trifft es ein,
und Licht überstrahlt
deine Wege.

Hiob 22, 28

Ein liebevoller
Mensch lebt
in
einer liebevollen Welt.

Ein feindseliger
Mensch lebt
in
einer feindseligen Welt.

Jeder, dem du begegnest,
ist dein Spiegel.

Ken Keyes jr.
Das Handbuch zum höheren Bewußtsein

All die Kräfte deines inneren Selbst werden
infolge deiner bewußten Überzeugungen aktiviert.
Dir fehlt ein Verantwortungsgefühl
für dein bewußtes Denken, weil man dir
beigebracht hat, daß es nicht das ist, was dein Leben formt.
Man hat dir gesagt,
daß du, deiner jeweiligen Überzeugung
ungeachtet, durch unbewußte
Programmierung terrorisiert wirst.
Einige deiner Überzeugungen entstanden in deiner
Kindheit, aber du bist ihnen nicht auf Gedeih und Verderb
ausgeliefert, sofern
du nicht davon überzeugt bist,
daß dies zutrifft.

Jane Roberts
Die Natur der persönlichen Realität

Jeder Spieler muß die Karten akzeptieren,
die das Leben ihm oder ihr gibt.

Aber sobald die betreffende Person sie in
Händen hält, muß allein sie entscheiden,
wie sie die Karten ausspielt,
um das Spiel zu gewinnen.

Voltaire

Nur derjenige, der sich nicht stören läßt
vom unablässigen Zustrom der Wünsche –
die hereindringen wie Flüsse in den
Ozean, der immerzu gefüllt wird,
aber stets fest in sich ruht –,
kann inneren Frieden erlangen,
doch nicht derjenige, der bestrebt ist,
solche Wünsche zu befriedigen.

Bhagavadgita[32] ll, 70c

Hör auf,
nach einem Sündenbock
in deinem Leben zu suchen.
Sei vielmehr bereit,
der Wahrheit in dir selbst
ins Auge zu sehen
und dein eigenes Unrechttun
wiedergutzumachen.

Eileen Caddy
Spuren auf dem Weg zum Licht

Es ist wichtig,
von Zeit zu Zeit
langsamer zu werden,
sich allein zu entfernen
und einfach
zu sein.

Eileen Caddy
Morgen der Veränderung

Das Leben hat eine helle Seite
und eine dunkle Seite,
denn die Welt der Relativität
besteht aus Licht und Schatten.

Läßt du es zu, daß deine Gedanken
bei Üblem verweilen,
dann wirst du selbst häßlich werden.

Suche nur nach dem Guten
in allem,
damit du die Qualität der Schönheit
in dich aufnimmst.

Paramahansa Yogananda
Aussprüche von Paramahansa Yogananda

Was von allen Dingen am weichsten ist,
kann das überwinden, was am härtesten ist.
Weil es ohne greifbare Fülle ist, kann es auch da
eindringen, wo sich kein Zwischenraum befindet.
Eben dadurch kenne ich den Wert
des Handelns, das ohne Handeln tätig ist.
Aber daß es eine Lehre ohne Worte geben kann,
eine Nützlichkeit des Handelns,
das ohne Handeln tätig ist,
können wirklich nur wenige verstehen.
Daß das Schmiegsame das Unnachgiebige besiegt
und das Weiche das Harte besiegt,
ist eine allen bekannte Tatsache,
doch macht sie sich keiner zunutze.

Lao-Tzu[33]

Ich weiß, daß ich die Dinge nicht so sehe,
wie sie sind –
ich sehe die Dinge so, wie ich bin.

Laurel Lee

Sei ganz, ganz ruhig
und laß jede neue Erfahrung
in deinem Leben stattfinden,
ohne dich in irgendeiner Weise
dagegen zu wehren.

Du mußt nicht das mindeste tun,
du mußt bloß sein
und die Dinge geschehen lassen.

Eileen Caddy
Spuren auf dem Weg zum Licht

Nicht zu urteilen ist eine weitere
Möglichkeit, die Angst loszulassen
und Liebe zu erfahren.

Wenn wir lernen, über andere
nicht zu urteilen –
und sie völlig akzeptieren
und nicht verändern wollen –,
können wir gleichzeitig lernen,
uns selbst zu akzeptieren.

Gerald G. Jampolsky
Lieben heißt die Angst verlieren

Der Unterschied zwischen
einer Blume und einem Unkraut
besteht in der Beurteilung.

Der Mensch muß sich durch seinen
eigenen Geist erheben,
nicht erniedrigen.

Der Geist ist der Freund
des bedingten inneren Selbst –
und gleichermaßen dessen Feind.

Bhagavadgita[34] VI, 5

Jedes Ende
ist ein
Neubeginn.

Danksagung

Ganz besonders möchte ich Malcolm Cohan für seine Liebe und ständige Ermutigung danken, ohne die dieses Buch nie begonnen, konsequent realisiert und fertiggestellt worden wäre.

Weiterhin möchte ich meiner Familie und meinen Freunden meinen tiefsten Dank ausdrücken, deren Gegenwart in meinem Leben direkt oder indirekt an dem Buch mitgewirkt hat.

Schließlich möchte ich meine Dankbarkeit gegenüber all den großen Geistern bekunden, die ich in diesem Buch zitiere und deren Worte so viel zu meinem Verständnis und Wachstum beigetragen haben.

Ich danke den Verlagshäusern, die mir freundlicherweise erlaubten, aus urheberrechtlich geschützten Quellen zu zitieren. Die betreffenden Zitate wurden den folgenden veröffentlichten Werken entnommen:

Brian Adams, *How to Succeed*, Copyright © 1985 Brian Adams. Erschienen bei Melvin Powers Wilshire Book Company, Kalifornien, USA.

Gita Bellin and the Self-Transformation Centre, *A Sharing of Completion*, Copyright © 1983 Self-Transformation Seminars Ltd.

J. Allen Boone, *Kinship with all Life*, Copyright © 1954 Harper and Row, Publishers, Inc., New York.

Ashleigh Brilliant, *I Have Abandoned my Search for Truth and am Now Looking for a Good Fantasy*, Copyright © 1980 Ashleigh Brilliant, Woodbridge Press, Kalifornien.

Eileen Caddy, *The Dawn of Change*, Copyright © 1979 The Findhorn Press (dt. *Morgen der Veränderung*), *God Spoke to Me*, Copyright © 1971 The Findhorn Press (dt. *Gott spach zu mir*); *Footprints on the Path*, Copyright © 1976 Eileen Caddy (dt. *Spuren auf dem Weg zum Licht*).

Haradis Chaudhuri, *Mastering the Problems of Living*, Copyright © 1968, Theosophical Publishing House, Illinois, USA.

Shakti Gawain, *Creative Visualisation*, Copyright © 1978 Shakti Gawain, Whatever Publishing, Inc., Kalifornien (dt. *Stell dir vor. Kreativ visualisieren*).

Khalil Gibran, *Sand and Foam*, Copyright © 1926 Khalil Gibran (dt. *Sand und Schaum*); *Jesus, The Son of Man*, Copyright © 1928 Khalil Gibran (dt. *Jesus, Menschensohn*); *The Prophet*, Copyright © 1923 Khalil Gibran (dt. *Der Prophet*). Quellenbelege von Alfred A. Knopf, Inc., Random House, Inc., New York.

J. A. Hadfield, *The Psychology of Power*, Copyright © 1919 Macmillan Publishers Ltd., London & Basingstoke.

Vernon Howard, *The Mystic Path to Cosmic Power*, Copyright © 1967 Parker Publishing Company, Inc.

Gerald G. Jampolsky, *Love is Letting Go of Fear*, Copyright © 1979 G. Jampolsky and Jack O. Keeler, Celestial Arts, Kalifornien (dt. *Lieben heißt die Angst verlieren*).

Ken Keyes jr., *Handbook to Higher Consciousness*, 5. Auflage, Copyright © 1975 The Living Love Center, Kentucky (dt. *Das Handbuch zum höheren Bewußtsein*).

J. Krishnamurti, *Krishnamurti's Journal*, Copyright © 1982 Krishnamurti Foundation Trust Ltd., Kent, England.

Maxwell Maltz, *Psycho-Cybernetics*, Copyright © 1960 Prentice Hall, Inc., Englewood Cliffs, New Jersey, USA.

W. H. Murray, *The Scottish Himalayan Expedition*, Copyright © 1951, erschienen bei J. H. Dent & Sons, Ltd.

Bhagwan Shree Rajneesh, *Dying for Enlightenment*, 1979; *The Sacred Yes*, 1983. *The Book of the Books*, Bd. IV, 1976; *The Sound of one Hand Clapping*, 1981; *Walking in Zen, Sitting in Zen*, 1982; *A Cup of Tea*, 1980, *The Goose is Out*, 1982 (dt. *Die Gans ist raus*); *The Tantra Vision*, Bd. I, 1978. Alle Rechte bei Rajneesh Foundation International.

Jane Roberts, *The Nature of Personal Reality*, Copyright © 1974 Jane Roberts. Erschienen bei Prentice Hall, Inc., Englewood

Cliffs, New Jersey, USA (dt. *Die Natur der persönlichen Realität*).

Bertrand Russell, *The Conquest of Happiness*, Copyright © 1975 George Allen & Unwin (Publishers) Ltd. (dt. *Eroberung des Glücks*).

David Spangler, *The Laws of Manifestation*, Copyright © 1975 David Spangler. Erschienen bei The Findhorn Press, Scotland.

John and Lyn St. Clair-Thomas, *Eyes of the Beholder*, Copyright © 1982 John and Lyn St. Clair-Thomas/Steven Shackel. Erschienen bei Angel Publications.

Rabindranath Tagore, *Glorious Thoughts of Tagore*, Copyright © 1965 New Book Society of India; *Collected Poems and Plays of Rabindranath Tagore*, Copyright © 1936 Macmillan, London and Basingstoke. Wiederabdruck mit Genehmigung von Macmillan, London and Basingstoke.

Paul Twitchell, *The Flute of God*. Abdruck mit Genehmigung von Eckankar.

Denis Waitley, *The Winner's Edge*, Copyright © 1980 Denis Waitley. Erschienen bei Times Books, einer Abteilung von Random House, Inc., New York.

Paramahansa Yogananda, *Autobiography of A Yogi*, Copyright © 1946 Paramahansa Yogananda, erneuertes Copyright © 1974 Self-Realization Fellowship, Kalifornien (dt. *Autobiographie eines*

Yogi); *Spiritual Diary*, Copyright © 1968 Self-Realization Fellowship, Kalifornien.

Einige Zitate wurden entnommen aus *A Course in Miracles*, Copyright © 1975, Foundation for Inner Peace, Inc. (dt. *Ein Kurs in Wundern*)

Das Zitat von Hermann Hesse wurde entnommen aus *Mit Hermann Hesse durch das Jahr*, Copyright © 1976 Suhrkamp, Frankfurt.

Anmerkungen zur deutschen Übersetzung

1 Die Titelangaben erfolgen im Textteil in deutscher Übersetzung, auch bei Titeln, die nicht auf deutsch erschienen sind. Zu den Originaltiteln vgl. die »Danksagung«, S. 207 ff.
2 Ältere Schreibweise: Lao-tse. Ursprünglicher Titel des nach seinem legendären Verfasser, dem historisch schwer greifbaren Lao-tzu (wörtl. »Alter Meister«), benannten ›klassischen‹ taoistischen Sammeltextes, der in seiner Standardversion Mitte bis Ende des 4. vorchristlichen Jahrhunderts entstand. Er umfaßt 81 Spruchsequenzen (Kapitel) und trägt erst seit der Han-Zeit (3. Jahrhundert n. Chr.) seinen weltberühmten Titel Tao-te-ching (»Buch vom Tao, dem Weg, und seiner Kraft«).
3 Siehe Anm. 2.
4 Wörtl. »Wahrheitspfad«; älteste buddhistische Spruchsammlung (in Pali), umfaßt 423 Sinnsprüche bzw. Verse, welche der Buddha bei 305 Gelegenheiten zum Wohle der Menschheit ausgesprochen haben soll.
5 Siehe Anm. 4.
6 Mark Aurel, eigentlich Marcus Aurelius Antonius, röm. Kaiser (161–180 n. Chr.), geb. 121, gest. 180 n. Chr. Legte in *Die Bücher der Gedanken über sich selbst* (auch *Selbstbetrachtungen* genannt) seine vom stoischen Denken geprägten Ansichten über Weltgeschehen, Menschenliebe und Unbeständigkeit der Existenz nieder.

7 Die Bibelzitate folgen jeweils dem Wortlaut der deutschen Einheitsübersetzung.
8 Altindischer Grammatiker und Ethiker aus dem 2. Jahrhundert v. Chr. Legte in seinen *Yogasutras* (wörtl. »Leitfäden für das Ins-Joch-Spannen«) seine Gedanken und Ratschläge zur körperlich-geistigen Selbsterziehung dar.
9 Englischer Schriftsteller (1812–1904), Arzt, Journalist und Biograph berühmter Industriepioniere, verfaßte leichtverständliche, äußerst populäre Abhandlungen über Themen wie »Pflicht«, »Leben und Arbeit«, »Sparsamkeit«, »Selbsthilfe«, so auch das vielgelesene Buch *Character* (1871).
10 Indischer Dichter, Dramatiker und Philosoph, zudem auch Komponist, Pädagoge und, im Alter, Maler (1861–1941), publizierte ca. 100 Bücher in bengalischer Sprache. Den wichtigsten Teil seines Œuvres bildet die Lyrik. Unter den Prosawerken sind seine philosophischen Texte die bedeutsamsten. 1913 erhielt er den Nobelpreis für Literatur.
11 Amerikanische Sozialreformerin (1880–1968), wurde mit 19 Monaten taub und blind. Lernte sprechen, lesen und schreiben und machte später ihren Doktor (der Philosophie). Sie veröffentlichte mehrere autobiographische Schriften.
12 Siehe Anm. 10.
13 Englischer Schriftsteller und anglikanischer Geistlicher (1771–1845), engagierte sich in seinen Schriften für liberale Reformen, vor allem für die bürgerliche Gleichberechtigung der katholischen Bevölkerung. Er war Mitbegründer der liberalen *Edinburgh Review*, einer bis 1929 bestehenden Vierteljahresschrift für Politik und Literatur.
14 Siehe Anm. 2.

15 Die *Upanischaden* (Upanischad bedeutet wörtl. »Sitzung«, »vertrauliche Belehrung«) bilden eine Gattung altindischer theologisch-philosophischer Texte von unterschiedlicher Relevanz und historischer Datierung. Die ältesten *Upanischaden* sind Bestandteil der frühesten indischen heiligen Schriften, der Weden (die ältesten ca. 1250 v. Chr.), und gehören unter diesen zur Schicht der in Prosa verfaßten *Brahmanas*, die die heiligen Handlungen detailliert schildern und erläutern. Die *Upanischaden* verkünden in erster Linie die All-Einheits-Mystik des Brahmanismus/Hinduismus.

16 Amerikanischer Philosoph und Psychologe (1842–1910), Begründer des Pragmatismus und Verfechter des Pluralismus. Er schuf die Voraussetzungen für eine neue Psychologie, und zwar vor allem für die Religionspsychologie. Werke: *The Principles of Psychology*, 2 Bde. (1890); *The Will to Believe* (1897); *Pragmatism* (1907); *A Pluralistic Universe* (1908).

17 Amerikanischer Philosoph und Dichter (1803–1882), war ursprünglich Geistlicher, legte aber sein Amt aus Gewissensgründen nieder. Geistiger Mittelpunkt des amerikanischen Transzendentalismus (einer von Kant, Schelling und Coleridge beeinflußten romantisch-idealistischen Bewegung). Emerson glaubte, von zukunftsfrohem Optimismus getragen, an die Führungsrolle Amerikas im Aufstieg der Menschheit auf dem von der Geschichte gezeigten und durch Gottes Willen bestimmten Weg und lehrte bereits in seinem Erstlingswerk *Nature* (1836) ein spirituelles Leben im mystischen Verbundensein mit der Weltseele, die sich im Naturschönen und der Unbedingtheit sittlichen Verhaltens manifestiert. Intensive Vortragstätigkeit auf der Basis umfangreicher Tagebücher. Aus seinen Vorträgen gingen wie-

derum zahlreiche Essays hervor, publiziert in zwei Abfolgen 1840 und 1844. Sie gehören zum klassischen Grundbestand der amerikanischen Literatur.

18 Siehe Anm. 17.
19 Zitiert nach der deutschen Übersetzung von August Wilhelm v. Schlegel.
20 Siehe Anm. 10.
21 Amerikanischer Schriftsteller (1817–1862), zählte zum Kreis der Transzendentalisten und wurde zum engsten Freund Emersons (siehe Anm. 17). Bekämpfte die Lebensideale der bürgerlich-kapitalistischen Gesellschaft und trat energisch für die Sklavenbefreiung ein. Lebte als Philosoph zwei Jahre in einem selbstgezimmerten Blockhaus am Waldensee (Bericht darüber in seinem bekannten Tagebuch *Walden; or Life in the Woods*, 1854). Seine Essays verknüpfen genaue Naturbeobachtung mit mystischer Kontemplation. In seiner nonkonformistischen, radikalen Gesellschaftskritik übte er bedeutenden Einfluß auf das europäische und indische Denken (etwa auf Gandhi) aus.
22 Griech. Epiktetos, stoischer Philosoph (50–138 n. Chr.), gründete als Freigelassener in Nikopolis eine Philosophenschule. Der griechische Schriftsteller Arrianus Flavius (aus dem 2. nachchristlichen Jahrhundert) stellte Auszüge aus Epiktets *Unterredungen* (griech. *Diatribai*), das sogenannte *Handbüchlein der Moral* (griech. *Encheiridion*), zusammen; sie erlangten Weltruhm und wurden vielfach nach christlichen Gesichtspunkten überarbeitet. Bei Epiktet dient das philosophische Denken unmittelbar der praktischen Lebensweisheit.
23 Siehe Anm. 17.
24 Siehe Anm. 10.

25 Siehe Anm. 2. – Dieser Passus ist allerdings im *Tao-te-ching* nicht nachweisbar.
26 Siehe Anm. 16.
27 Englische Theosophin (1847–1933), wirkte als Präsidentin der Theosophischen Gesellschaft seit 1907 in Indien, machte sich dort in leitender Position um die Kulturpolitik verdient und organisierte in der Anfangszeit den Kampf der Inder um politische Selbstverwaltung mit. Ins Deutsche übersetzte Werke sind u. a.: *Uralte Weisheit* (1898), *Der Mensch und seine Körper* (1906), *Esoterisches Christentum* (1911), *Die Lehre der Theosophie* (3. Aufl. 1912) sowie ihre Lebensschilderung *Annie Besant* (5. Aufl. 1920).
28 Siehe Anm. 10.
29 Siehe Anm. 6.
30 Deckname von Guglielmo A. di Kostrowitzky, französischer Schriftsteller (polnisch-)italienischer Abstammung (1880–1918). Verhalf als Essayist der kubistischen Malerei zum Durchbruch und war als Dramatiker, Erzähler und Lyriker einer der Mitbegründer des (literarischen) Surrealismus.
31 Siehe Anm. 27.
32 Sanskrit wörtl. »Der Gesang des Erhabenen«, mystisch-philosophisches Lehrgedicht, das als didaktische Einlage in das sechste Buch des indischen Volksepos *Mahabharata* (*Das große Epos vom Kampf der Nachkommen Bharatas*, bereits im 4. Jahrhundert v. Chr. erwähnt; endgültige Ausformung spätestens Ende des 4. Jahrhunderts n. Chr.) integriert ist. Es ist das am meisten verbreitete religiöse Buch Indiens, in dem – wie es für hinduistisches Denken typisch ist – sehr unterschiedliche, zum Teil einander widersprechende religiöse Grundkonzeptionen eklektizi-

stisch zu einer religiös und lebenspraktisch äußerst wirkungsvollen Einheit zusammengefügt sind.
33 Siehe Anm. 2. – Der zitierte Passus verknüpft Kap. 43 und 78 des *Tao-te-ching*.
34 Siehe Anm. 32.

Adam Jackson

Die zehn Geheimnisse der Liebe

ISBN 3-426-66644-8

»Um wahre Liebe zu finden, sollte man zunächst nach einem wahren Freund suchen.«
Unterhaltsame und inspirierende Geschichten zu dem großen Thema des Herzens von dem amerikanischen Heilpraktiker und Erfolgsautor Adam Jackson.

Sunzi

Die Kunst des Krieges

ISBN 3-426-66645-6

Wenn du den Feind und dich selbst kennst, brauchst du den Ausgang von hundert Schlachten nicht zu fürchten ... Wenn du weder den Feind noch dich selbst kennst, wirst du in jeder Schlacht unterliegen. Die Wahrheiten und Einsichten, die der chinesische Philosoph und General Sunzi bereits vor 2500 Jahren verfasste, haben auch im heutigen Alltagsleben nichts von ihrer Aktualität verloren.